AF299440

CRÉATION

BANQUE NATIONALE

Hypothécaire

J.-B. HEQUET

Aux Membres de l'Assemblée Nationale.

PARIS

LEDOYEN, PALAIS NATIONAL
GALERIE VITRÉE, 31;
Et chez tous les Libraires.

MAI 1848.

heur et la satisfaction de tous nos travailleurs, voilà ce que des esprits éclairés, apôtres de nouvelles théories, nous promettent tous les jours, depuis deux mois. Ils veulent régénérer l'espèce humaine, la rendre fraternelle, meilleure enfin. Leur tâche est belle, bien belle! Souhaitons qu'ils puissent y travailler longtemps et sans relàche; souhaitons que de leur bienfaisante école naisse l'organisation sociale la plus céleste qui puisse guider les mortels.

Nous voyons bien que si nous étions assez vertueux pour être sages, prudents, patients, laborieux, honnêtes, patriotes, fraternels, exempts de vanité, de passions, d'ambitions démesurées et désordonnées, nous pourrions, en y consacrant beaucoup d'argent, de bonne volonté et de persévérance, créer, d'ici à vingt-cinq années, un système général de rapports mutuels qui nous mènerait vers le bien. Malheureusement le genre humain ne se compose pas entièrement d'êtres privilégiés à qui le Seigneur a octroyé une parcelle de sa divine essence. L'homme, soit à l'état sauvage, soit à l'état civilisé, est égoïste; le *primo mihi* est partout, dans tout, et l'esprit de famille, qui forme la base de notre édifice social, les familles, dis-je, qui ont réalisé l'association en petit, ne seront pas de sitôt disposées à se grouper, pour faire une position prospère à vos grandes associations.

Vous voulez la liberté entière de tous. Par conséquent, le travail individuel sera facultatif. Vous ne voulez pas enrégimenter le genre humain, et cependant vous cherchez à anéantir la concurrence, que vous classez parmi les plaies sociales; je ne puis accorder ces deux tendances, ces deux principes, car, avec le travail libre, individuel, vous aurez la concurrence, et vous ne pourrez empêcher qu'un travailleur de génie, en créant un article à sa manière, ou en fabricant une machine dont il sera seul propriétaire, ne vienne détruire en un seul jour les éléments de prospérité que vos associations croiront posséder.

Ceci observé, j'appelle de tous mes vœux la création de ces

associations de travailleurs. Je veux leur prédire qu'avec de la sagesse, un travail opiniâtre, des connaissances profondes dans les matières premières, une administration éclairée, prudente et probe, des frais généraux restreints autant que possible, et la préparation faite en commun de la nourriture de toutes les familles composant l'association, ces belles et fraternelles réunions de travailleurs auront de beaux éléments de prospérité. Mettez-vous de suite à l'œuvre, hommes aux intentions pures, qui voulez créer l'avenir. Mettez la main à ces organisations mères, apportez-y votre volonté, votre persévérance, et priez Dieu qu'elles soient à l'épreuve des vicissitudes attachées à toute création.

Voilà pour l'avenir; mais pour le présent, cette actualité impérieuse, que faites-vous, que voulez-vous faire? Les masses ne peuvent attendre le pain qui leur sera donné par des ateliers à créer; la fortune publique, qui se compose en partie de toutes les valeurs émises aujourd'hui, ne peut que s'amoindrir si vous ne lui donnez pour rapport que de belles espérances et un brillant avenir plus ou moins réalisable. Ce n'est pas en nous criant avec les plus belles trompettes de la presse : « *Confiance ! confiance! La circulation, le crédit, tout est dans ce mot.* » Je le sais, mais je sais aussi que, de tout temps, ce mot, qui a représenté les plus fermes éléments du crédit, signifie en même temps, pour ceux qui contribuent à le mettre en action, *bénéfices à faire ou à réaliser.*

Comment ont été produits les grands élans de confiance, soit dans les finances, soit dans l'industrie? Par des bénéfices acquis et par de plus considérables en espérance. Exemple : l'argent mis sur les chemins de fer et les innombrables valeurs à terme créées à cette occasion par le crédit.

Comment se détruisent la confiance et le crédit ? Par des pertes réalisées et par de plus grandes à réaliser.

Comment se sont terminées les crises financières et commerciales qui ont assailli notre prospérité à bien des époques?

Il y a eu des liquidations, des ventes forcées, des faillites ; les valeurs, les marchandises ont été dépréciées : par conséquent, perte pour les détenteurs et bénéfice pour les acheteurs, les valeurs ne restant jamais au même taux, surtout lorsqu'elles tombent très bas. Les premiers qui opèrent emploient des capitaux réels, ceux qui les suivent opèrent avec le crédit, car ce dernier accepte toujours une valeur créée, représentant une chose qui est non seulement réalisable, mais qui est encore productive au détenteur; alors la confiance revivifie tout, les bénéfices appellent les bénéfices, et ce qui avait produit les pertes, les faillites, la ruine, sert d'aliment à la prospérité, de même que, dans l'ordre naturel, la destruction sert à la production.

En rendant le décret qui soustrait le débiteur à l'action immédiate de son créancier, le Gouvernement provisoire a voulu sans doute éviter ces dépréciations, ces pertes, ces liquidations, pensant que le temps amènerait avec lui les remèdes efficaces, *la confiance, le crédit*, et que la réalisation des valeurs se faisant sur les cours anciens, la fortune publique ne serait que peu dépréciée. Voilà une grande œuvre commencée ; il faut la terminer.

Jusqu'à ce jour, on n'a opéré qu'un temps d'arrêt : les transactions sont nulles, la réalisation de toutes les valeurs mobilières et immobilières ne s'effectue pas ; la mobilisation, la circulation est interrompue, le gouvernement voit ses recettes s'amoindrir et ses dépenses augmenter ; les particuliers sont dans la même position. Un tel état mènerait vite à une ruine qui ne profiterait à personne ; mieux vaudrait, si on ne trouvait pas un remède immédiat, rendre aux créanciers leurs droits imprescriptibles, et exposer les débiteurs aux liquidations forcées. Notre industrie aurait, il est vrai, à supporter des pertes cruelles ; mais au moins, avec le peu qui lui resterait, elle pourrait chercher à les réparer. L'inaction qui est imposée en ce moment, c'est la mort ! !

Le crédit, qui vivifiait tout, était exploité en France par les banquiers à des conditions rigoureuses, c'est vrai ; il rendait néanmoins des services signalés, et c'est par son intermédiaire, faute d'un meilleur, qu'on est parvenu à créer et à ajouter à la circulation des deux milliards de numéraire que nous possédons, dix milliards de valeurs à terme. Ces dix milliards avaient bien, quoiqu'on en dise, une valeur représentative effective, mais irréalisable en temps de crise.

Ce moteur du crédit, cette puissance financière qui avait établi ses ramifications partout, dans les villes comme dans les campagnes, pour le plus petit marchand forain comme pour le plus riche joaillier de la capitale, vous voulez vous en passer, le

remplacer. Combien vous faudra t-il de temps ? Pendant l'organisation de vos banques , que feront nos industriels et les nombreux ouvriers qu'ils emploient ? la Commission du Luxembourg
vous dit textuellement :

« Tout le monde doit être frappé de deux grands faits qui s'ag-
« gravent à mesure que nous marchons , d'une double tendance
« qui nous menace tout à la fois , *du trop plein et du paupérisme*
« *anglais*. Le désastre est dans les rangs des entrepreneurs , et le
« chômage est dans les rangs du peuple; le travail est suspendu
« dans beaucoup d'ateliers , une masse d'ouvriers de jour en jour
« plus considérable reste en dehors du travail national, déclassée,
« flottante.

« Chaque jour des chefs d'établissement de tout ordre, vien-
« nent faire entre nos mains acte d'abandon de leurs instruments
« de travail, nous demandant de substituer l'action de l'État à la
« leur, afin de sauvegarder le salaire de leurs nombreux ouvriers.
« Quant aux ouvriers sans emploi, ils accourent en foule. »

Tout cela se produit malgré vos établissements de crédit, malgré la mobilisation possible des marchandises. Ce que signifient
ces déterminations extrèmes de la part des chefs d'ateliers , il
n'est pas besoin de le chercher. Les paiements ne s'effectuent
pas, et judiciairement on ne peut les faire effectuer. La consommation est arrêtée, les transactions sont impossibles, donc, tout
travail devient surabondant.

Si vous voulez mettre le gouvernement ou, pour m'exprimer
mieux, si vous voulez substituer fructueusement les associations
de travailleurs à tous les industriels chefs d'ateliers, il vous faudra changer l'état actuel, il vous faudra trouver le moyen de
rétablir la consommation et permettre aux porteurs des dix mil-
lards de valeurs à terme qui sont en circulation, de les encaisser ;
par conséquent fournir à tout le monde le moyen de payer ses
dettes : là est toute la question. Résolvez-la et vous n'aurez plus
besoin que de quelques vastes ateliers nationaux dans les grands
centres de population, pour faire travailler les ouvriers indociles,
paresseux ou maladroits. Tous les autres trouveront de suite leurs
ateliers ouverts, et ils gagneront plus d'argent que vous ne
pourrez jamais leur en offrir dans vos diverses associations,
se garantissant mutuellement des pertes. Je ne peux pas dire :

se partageant leurs bénefices, tous les hommes qui ont de l'expérience savent le peu d'argent gagné en masse par toutes les industries, toutes compensations faites ; il ne représente pas l'intérêt de l'argent à 5 p. 100 et la dépréciation du matériel qui, par l'influence des nombreuses découvertes est sans cesse à renouveler.

Nous disons donc qu'il vous faut entrer en besogne avec vos nouveaux errements. Vous démocratisez le crédit, vous créez des comptoirs nationaux d'escompte, devant opérer en concurrence avec les maisons de banque, qui, après avoir liquidé leurs dettes pourront recommencer leurs transactions ; vous centralisez les opérations de tous les comptoirs en reconstituant la Banque de France, afin qu'elle puisse leur venir en aide ; vous créez l'unité du billet de banque, afin de donner non seulement de grandes facilités, mais encore pour rendre cette valeur familière dans toutes les transactions au comptant.

Combien aurez-vous de capitaux réels dans vos comptoirs d'escompte et dans vos banques réunies en une seule, capitaux garantissant l'émission que vous allez être forcés de faire de vos billets, afin de répondre à toutes les demandes qui vous seront faites contre du bon papier accepté par vous et vos comptoirs? D'avance et sans le connaître, j'assure que ce capital effectif ne sera pas en rapport suffisant avec le service et avec les exigences, je ne dirai pas d'une position pénible, mais bien en rapport avec les besoins d'une position magnifique et prospère ; c'est alors que le crédit s'accorde, c'est alors seulement que les comptoirs seront faciles et qu'il sera permis de leur demander beaucoup ; vienne le lendemain un événement néfaste, votre banque et vos comptoirs se trouveront comme les banquiers d'aujourd'hui, avec leurs porte-feuilles remplis de valeurs à terme, en présence de marchandises et d'immeubles à réaliser et de plus irréalisables ; vos billets de banque en circulation, qui s'élèveront à une somme considérable n'étant représentés que faiblement par votre capital effectif, seront dépréciés et les porteurs ne pourront les utiliser.

Le présent est affreux, l'avenir n'est pas assuré.

Il faut trouver un remède pouvant suffire à toutes les exigences de notre situation financière, rétablissant forcément la circulation et assurant pour toujours un avenir à notre belle France.

Après y avoir mûrement réfléchi, j'ose reparler du projet que j'ai soumis il y a peu de temps au Gouvernement provisoire, et qui avait pour but d'ajouter à la circulation des valeurs réelles : celles que pourrait créer une Banque nationale hypothécaire, valeurs non remboursables, parce qu'elles ne seraient jamais émises que dans la proportion de 40 à 50 p. 100 de l'importance réelle d'immeubles mis en rapport et affectés à la garantie de leur émission.

Cette banque, dont je donne ci-après partie des statuts en projet, pourrait, d'ici à peu, mobiliser avec toutes garanties désirables 10 milliards des 30 milliards qui forment environ la fortune immobilière de la France. Ces 10 milliards, ajoutés à notre numéraire, formeraient plus que la totalité des valeurs à terme émises en ce moment; alors la France, le plus riche de tous les pays en capital réel disponible, pourrait imprimer une activité sans égale à toutes les transactions. Les malheurs dont nous sommes menacés se trouveraient conjurés, et les crises financières, résultat d'une trop grande émission de valeurs à terme, ne seraient plus à craindre.

Je voudrais avoir une plume éloquente pour bien dire les services immenses que la Banque hypothécaire est appelée à rendre. D'abord : notre industrie, qui possède tant de belles propriétés qu'elle ne peut mobiliser en ce moment à aucune condition, se trouve sauvée d'une ruine presque certaine. La circulation se rétablit forcément par l'emprunt que les propriétaires seront à même de faire pour payer leurs dettes. Les transactions reprenant leurs cours, le Gouvernement fera de belles recettes et pourra égaliser son budget. L'agriculture, qui a tant besoin d'aide et de protection, y puisera des capitaux à bon marché et à des conditions désormais avantageuses. Les chemins de fer recevront les versements de leurs actionnaires, mais en attendant, ils pourront emprunter en hypothéquant les constructions et terrains déjà payés, par conséquent et dans tous les cas, leurs travaux ne seront pas interrompus. L'Etat même, s'il avait besoin d'argent, en trouverait par l'intermédiaire de la Banque nationale hypothécaire.

En réfléchissant à la condition stipulée dans les statuts de cette banque, qui est relative à l'intérêt annuel de 3 fr. 65 c. p. 100, qui sera payé sur tous les bons de 50 à 1,000 fr., on acquerra la conviction qu'ils seront plus recherchés que des espèces dans beaucoup d'occasions; tous les comptables du Gouvernement, à quelque titre qu'ils le soient, voudront recevoir des bons de banque leur rapportant des intérêts pendant le court espace qui s'écoule entre leurs versements; si on ne leur en donne pas, ils les rechercheront. Les notaires, les capitalistes, les caissiers du Trésor, les négociants, les voyageurs, les marchands nomades, les ouvriers économes, tous ceux qui sont forcés de conserver de l'argent, et tous ceux qui voudront en conserver de disponible, réclameront, rechercheront les bons de la Banque hypothécaire, parce que : 1° c'est de l'argent avec une représentation réelle et solide; 2° parce que tout en étant la représentation d'espèces, ils rapportent près de 4 p. 100 par an.

La Banque hypothécaire rapportera, lorsque son émission aura atteint 10 milliards, 135 millions par année par la seule différence de l'intérêt de 3 fr. 65 c. payé avec celui de 5 p. 100 reçu ; ce sera une large compensation des droits hypothécaires qui seront abandonnés par l'État sur le montant des prêts faits par la banque.

Le rouage administratif sera simple, peu dispendieux, et il pourrait encore être simplifié si les administrations des contributions directes et de l'enregistrement se trouvaient fusionnées conformément au travail si remarquable du citoyen J. L. Loreau, directeur des Domaines, à Poitiers (1).

On fera certainement les objections suivantes : 1° Vous allez créer des valeurs hypothécaires qui seront, il est vrai, parfaitement garanties; mais qui vous assure que le public les acceptera ? Si donc vous en forcez l'émission en les monétisant, n'allez-vous pas apporter la perturbation partout et faire augmenter non seulement les denrées alimentaires, mais tout en général ?

A cela il sera facile de répondre que tout propriétaire d'immeubles ne sera pas assez imprudent pour hypothéquer la plus belle moitié de sa fortune et recevoir en paiement des valeurs dont il n'aurait pas le placement ou qu'il serait forcé de négocier

____

(1) Librairie de Hachette, rue Pierre-Sarrazin, n° 12.

avec perte. Cette aliénation ne sera faite au profit de la Banque hypothécaire, soyez en certain, que lorsque les bons de cette banque seront recherchés et acceptés. Ma conviction est qu'il seront demandés avec prime.

2° Le Code civil et la jurisprudence ne vous permettent pas de prêter en ce moment avec sécurité, vous allez donc tout changer en quelque sorte arbitrairement ; que deviendront les créanciers hypothécaires légaux tels que les mineurs et les femmes ? leurs droits seront-ils respectés, garantis ?

Cette objection sérieuse a déjà été faite, et elle est résolue de manière à sauvegarder entièrement les intérêts de la femme et des mineurs. Nos légistes et les hommes compétants ont reconnu depuis longtemps, que notre Code hypothécaire était vicieux dans la plupart de ses dispositions ; l'ouvrage du citoyen Loreau, que je viens de citer, donne le plan à suivre, devant fournir à tous prêteurs, et principalement à la Banque hypothécaire, les moyens de prêter sans pouvoir être trompés par l'emprunteur ; l'hypothèque légale de la femme et des mineurs se trouve portée en même temps que l'enregistrement des actes qui la constitue, elle est même forcée, ce qui répare une lacune funeste de notre Code civil hypothécaire.

Le champ est d'ailleurs ouvert à toutes les observations, qu'elles soient faites de bonne foi et non systématiquement, et je crois qu'il sera facile d'harmoniser l'institution de la Banque hypothécaire, avec toutes les exigences et toutes les précautions à prendre pour fonder l'établissement de crédit le plus colossal et le plus bienfaisant qui ait été rêvé jusqu'à ce jour, le plus facile à gérer et à établir, car un mois suffirait pour organiser le service par toute la France.

Moi aussi je voudrais assurer l'avenir de nos nombreux et braves travailleurs, non en procédant par exclusion, mais en créant la prospérité générale, et je dis :

Commencez par fonder un large et immense crédit à l'abri du caprice des événements ;

Terminez vos grandes voies de communication ;

Poussez vivement l'agriculture vers les améliorations et vers la plus grande production possible, en mettant annuellement au concours 100,000 fr. de primes par département, bien divisées et bien distribuées ;

Mettez de même au concours un prix de 40,000 fr. pour le chimiste qui trouvera un engrais artificiel énergique et à bon marché ;

Organisez des chambres consultatives d'agriculture dans tous les chefs-lieux d'arrondissement, consultez-les et résumez leurs travaux.

Vous ferez reporter les bras vers l'agriculture, et vous obtiendrez la nourriture de tous vos travailleurs à bon marché.

L'industrie, avec la main-d'œuvre à bon marché et les capitaux abondants, vous demandera, la première, l'annulation des frontières, le libre échange des produits de tous, alors vous aurez réalisé la belle et divine devise de la République :

LIBERTÉ, ÉGALITÉ et FRATERNITÉ de tous les peuples !

Hâtez-vous donc de consolider le bonheur matériel des masses. Organisez les associations. Instruisez chacun dans la proportion de ses facultés. Développez le génie des hommes d'élite. Cimentez l'union de tous les peuples, et la France portera désormais devant eux le flambeau lumineux qui guidera l'humanité vers la Divinité !

J.-B. HÉQUET,

Négociant à Chartres ; à Paris, rue de l'Université, 53.

STATUTS

De la Banque nationale hypothécaire de la République française.

ART. 1er.

Une Banque nationale hypothécaire est créée à Paris pour toute la France, à l'effet de faciliter à tous les propriétaires la mobilisation d'une partie de la valeur de leurs propriétés.

ART. 2.

Cette Banque, qui sera administrée sous la surveillance immédiate du Gouvernement, aura la faculté de donner en paiement des bons de Banque hypothécaire pour le montant des hypothèques qu'elle croira devoir accepter sur les propriétés, lesquels prêts ne pourront jamais dépasser les proportions suivantes :

50 p. 100 sur propriétés d'une valeur réelle de   1,000 à 100,000 fr.
40 p. 100 sur   id.   id.   de   100 à 800,000 fr.
35 p. 100 sur   id.   id.   dépassant 800,000 fr.

Art. 3.

Les bons qui seront émis par la Banque nationale hypothécaire sont, dès à présent, monétisés; ils ont cours légal dans toute l'étendue de la République.

Art. 4.

Tout prêt hypothécaire de la Banque se fera à raison de 5 p. 100 d'intérêts par an, sans aucuns autres frais.

Art. 5.

Tous bons de 50 fr. à 1,000 fr. porteront intérêt de 3 fr. 65 c. l'an, lequel intérêt sera payable par fractions d'une ou plusieurs années au choix du porteur dans toutes les caisses de l'Etat.

Art. 6.

Tout porteur de bons de 50 fr. et au-dessus aura la faculté de demander en échange des bons de 5, 10 et 20 fr., lesquels, en raison de leur chiffre peu élevé, ne produiront pas d'intérêts.

Art. 7.

En aucun cas, la Banque nationale hypothécaire ne pourra émettre, soit directement, soit par l'intermédiaire des receveurs généraux des départements, ses seuls correspondants, des bons pour une valeur plus forte que le montant des hypothèques acceptées par elle sur les propriétés.

Art. 8.

Toutes terres incultes, quelle que soit leur valeur, ne seront pas susceptibles d'hypothèques. Toutes maisons ou propriétés industrielles sans dépendances non occupées, et, par conséquent, ne rapportant rien, ne seront pas susceptibles d'hypothèques.

Art. 9.

Toutes les hypothèques, en faveur de la Banque hypothécaire, seront réalisées sans frais par l'intermédiaire des magistrats communaux et par les agents du Gouvernement de la manière suivante :

Tout citoyen ayant une propriété mise en valeur non hypothéquée dans les proportions ci-dessus, qui désirera en mobiliser la partie disponible, devra formuler sa demande au maire de la commune dans laquelle sa propriété est située.

Cette demande devra être accompagnée des titres de propriété, contrats de mariage et toutes pièces justificatives constatant la propriété et les hypothèques légales dont elle peut être grevée.

Tout homme marié devra être accompagné de sa femme dûment autorisée, ou de son fondé de procuration.

Des imprimés, tout préparés, aideront à formuler les demandes ; ils énonceront la valeur réelle de la propriété, et son rapport. Déclaration sera faite de toutes les hypothèques légales et autres qui grèvent ladite propriété.

Art. 10.

Le maire, assisté de deux membres du conseil municipal, tirés au sort chaque mois, à l'effet de remplir lesdites fonctions, devra légaliser les signatures des demandeurs, certifier la valeur selon leur appréciation des propriétés à hypothéquer et leur rapport.

Cette pièce sera vue par le percepteur des contributions directes de la commune qui attestera la valeur pour laquelle la propriété est imposée, et le paiement intégral des impositions échues.

Art. 11.

Ces formalités seront complétées par le conservateur des hypothèques de la circonscription, qui certifiera au dos de la demande les inscriptions de toutes natures qui grèvent la propriété, ou qu'elle est libre de toutes charges.

Art. 12.

Le montant du prêt sera fixé à Paris par l'administration

centrale de la Banque hypothécaire, et dans les départements, par les receveurs généraux; inscription sera prise conformément à la loi, mais sans frais.

Art. 13.

Tout demandeur, lorsqu'il aura formulé sa demande en prêt hypothécaire, et qu'il aura obtenu le relevé de ses inscriptions hypothécaires, ne pourra être admis, ou tout créancier à son lieu et place, à obtenir d'autres inscriptions primant celles de la Banque, dont le privilége datera des jour et heure de la remise au demandeur du relevé qu'il fournira des inscriptions prises sur sa propriété.

Art. 14.

Tout débiteur de la Banque pourra se libérer sans frais envers elle, par l'intermédiaire de la caisse centrale ou par ses versements aux receveurs généraux, quand il le jugera convenable et de la manière suivante:

Pour tous les prêts au dessous de 1,000 fr., en une seule fois, en y ajoutant les intérêts échus ;

Pour tous les prêts de 1,000 fr. et au-dessus, par fractions de 1,000 fr.;

Les remboursements devront toujours être distincts du paiement des intérêts échus d'une année, de manière que, ces intérêts échus payés, les versements faits par le débiteur soient toujours arrondis par 1,000 fr.

Art. 15.

Aussitôt les puiements effectués, le débiteur pourra demander la radiation au conservateur des hypothèques, qui la réalisera sans frais.

Art. 16.

Les intérêts seront hypothéqués de droit au même taux que le capital.

Tout débiteur qui ne les acquitterait pas annuellement, sera sommé de les payer, et, après quinze jours de retard, il pourra être poursuivi conformément à la loi.

Art. 17.

Tout débiteur qui sera resté deux années sans acquitter ses intérêts, pourra être tenu de rembourser la totalité du prêt, ou poursuivi en expropriation.

Néanmoins, il pourra demander à les capitaliser, dans le cas où les inscriptions qui gréveront sa propriété ne s'éleveraient pas au chiffre que la Banque serait disposée à prêter, laquelle demande acceptée, annulerait toutes poursuites en paiement d'intérêts.

Art. 18.

Tout débiteur de la Banque hypothécaire qui sera poursuivi en expropriation par tout autre créancier, devra en avertir de suite l'administration centrale, afin qu'il soit statué s'il n'y aurait pas motif de lui venir en aide, et lui éviter les frais d'expropriation.

Art. 19.

Tout débiteur devant se libérer à une époque fixe d'obligations hypothécaires, dans les conditions et limites prescrites à la Banque par ses statuts, pourra formuler sa demande en paiement de son créancier, laquelle accueillie, pourra substituer sans frais la Banque aux droits du créancier remboursé.

Art. 20.

Tout créancier qui aura une obligation à terme hypothéquée dans les conditions et limites prescrites à la Banque, pourra lui formuler sa demande en remboursement, et la substituer à tous ses droits sur son débiteur, qui alors annulera son obligation à terme, et pourra rembourser à la Banque, comme il est dit art. 14.

Art. 21.

L'administration de la Banque nationale hypothécaire sera représentée par un directeur responsable, nommé par le Gouvernement.

Art. 22.

Un conseil de surveillance composé de douze membres, sera élu chaque année, savoir : six par la Cour de cassation et six par la Cour des comptes.

Art. 23.

Les fonctions de ce conseil seront gratuites. Il se réunira tous les mois, et toutes les fois qu'il le jugera convenable, au siége de l'administration, vérifiera tous les comptes et les émissions, rédigera procès-verbal de toutes ses délibérations, et les publiera s'il le juge utile.

Art. 24.

Chaque année, dans le courant du mois de janvier, le directeur soumettra au conseil de surveillance l'inventaire général de la Banque arrêté au 31 décembre, accompagné d'un rapport détaillé sur toutes les opérations de la Banque ; ledit inventaire, avec toutes pièces justificatives à l'appui, sera vérifié par le conseil de surveillance qui fera son rapport.

Art. 25.

Les Cours de cassation et des comptes, toutes chambres réunies, entendront le rapport du conseil de surveillance, approuveront tous les comptes, et fixeront la quotité des bénéfices faits par la Banque.

Art. 26.

Un fonds de réserve de cinquante millions, formé des premiers bénéfices, sera destiné à parer aux pertes qui pourraient être supportées par la Banque dans la réalisation d'immeubles hypothéqués ; le surplus des bénéfices nets sera versé chaque année dans les caisses de l'Etat comme Impôt, en remplacement de tous les droits hypothécaires dont il sera privé.

Au moyen de ces versements, toutes pertes excédant les bénéfices et le montant du fonds de réserve, seront supportés par l'Etat.

Art. 27.

La Banque ne pouvant dans aucun cas émettre ses valeurs pour un autre usage que celui auquel elles sont affectées, les receveurs généraux, ses seuls correspondants, ne pourront jamais faire usage, pour leurs paiements, que des bons déjà émis dans la circulation, et sur lesquels un timbre aura fixé le jour d'émission et le point de départ des intérêts.

Art. 28.

Un service d'inspecteurs sera rigoureusement établi pour vérifier chaque mois la position des comptes des receveurs généraux, lesquels devront représenter aux livres à souches, et non encore émis, tous les bons de la Banque dont l'emploi ne serait pas justifié par une hypothèque en règle.

Art. 29.

Chaque receveur général sera assisté d'un notaire, nommé au concours, et qui sera rétribué par la Banque hypothécaire.

Art. 30.

Les conventions et actes passés entre les particuliers et les agents de la Banque nationale hypothécaire, dûment fondés de pouvoirs, sont réputés authentiques, par exception aux articles 2127 et 2148 du Code civil.

Art. 31.

Un conseil judiciaire composé de cinq membres sera formé, et fonctionnera sous la direction de l'administration centrale.

4212   Paris- Imprimerie Maulde et Renou,
rue Bailleul, 9-11.